Mes émotions

LA PEUR

Un livre de la collection
Les racines de Crabtree

AMY CULLIFORD

CRABTREE
Publishing Company
www.crabtreebooks.com

Soutien de l'école à la maison pour les parents, les gardiens et les enseignants

Ce livre aide les enfants à se développer grâce à la pratique de la lecture. Voici quelques exemples de questions pour aider le lecteur ou la lectrice à développer ses capacités de compréhension. Les suggestions de réponses sont indiquées en rouge.

Avant la lecture

- De quoi ce livre parle-t-il?
    - *Ce livre parle du sentiment de la peur.*
    - *Ce livre explique à quoi ressemble la peur ou ce que l'on ressent.*

- Qu'est-ce que je veux apprendre sur ce sujet?
    - *Je veux apprendre quoi faire quand j'ai peur.*
    - *Je veux apprendre à quoi ressemble le sentiment de la peur.*

Pendant la lecture

- Je me demande pourquoi...
    - *Je me demande pourquoi je pleure quand j'ai peur.*
    - *Je me demande pourquoi essayer de nouvelles choses me fait peur.*

- Qu'est-ce que j'ai appris jusqu'à présent?
    - *J'ai appris que la peur est une émotion.*
    - *J'ai appris que certaines personnes crient quand elles ont peur.*

Après la lecture

- Nomme quelques détails que tu as retenus.
    - *J'ai appris que je peux dire à quelqu'un que j'ai peur.*
    - *J'ai appris que tout le monde peut avoir peur de quelque chose.*

- Lis le livre à nouveau et cherche les mots de vocabulaire.
    - *Je vois le mot **cache** à la page 6 et le mot **orages** à la page 8. Les autres mots de vocabulaire se trouvent à la page 14.*

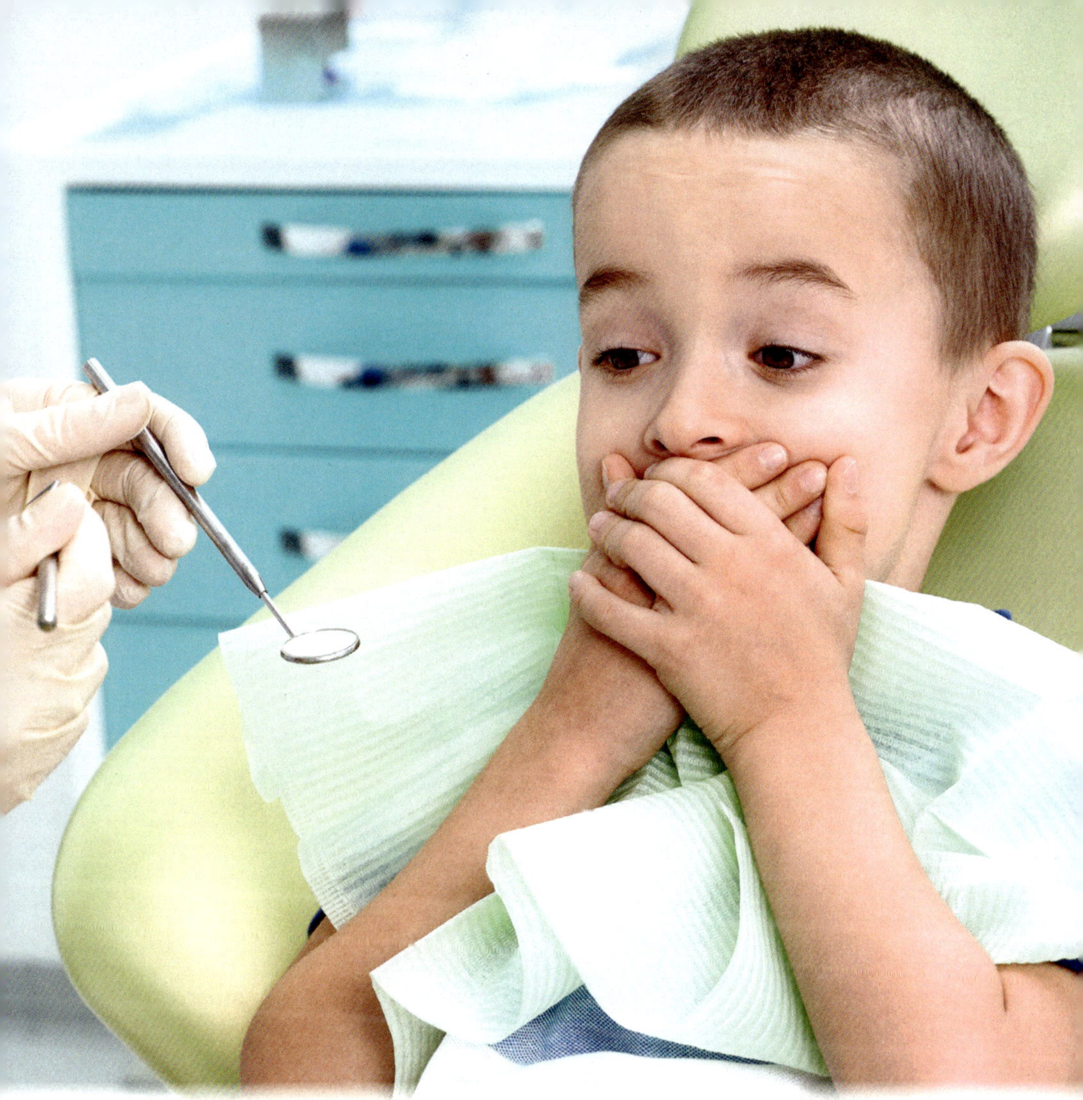

Qu’est-ce qui te fait **peur**?

J'ai peur dans
le **noir**.

Je me **cache**
quand j'ai peur.

J’ai peur des **orages**.

Je **pleure** quand j'ai peur.

Je vais voir **maman** quand j'ai peur.

Qu'est-ce qui te fait peur?

Liste de mots

Mots courants

des
je
le
quand
qu'est-ce
te
vais
voir

La boîte à mots

cache

maman

noir

orages

peur

pleure

37 mots

Qu'est-ce qui te fait **peur**?

J'ai peur dans le **noir**.

Je me **cache** quand j'ai peur.

J'ai peur des **orages**.

Je **pleure** quand j'ai peur.

Je vais voir **maman** quand j'ai peur.

Qu'est-ce qui te fait peur?

CRABTREE
Publishing Company

Autrice : Amy Culliford
Conception : Rhea Wallace
Développement de la série :
James Earley
Correctrice : Ellen Rodger
Conseils pédagogiques :
Marie Lemke M.Ed.
Traduction : Annie Evearts
Coordinatrice à l'impression :
Katherine Berti
Références photographiques :
Shutterstock : Juan Pablo Gonzaález : couverture; TY Ilm : p. 1; Aleksandr Rybalko : p. 3, 14; Kryzhov : p. 5, 14; justoomm : p. 7, 14; HelloRF Zcool : p. 8, 14; fizkes : p. 9, 14; Inna Ska : p. 13

Mes émotions

LA PEUR

Crabtree Publishing Company

www.crabtreebooks.com 1-800-387-7650

 Au Canada : Nous reconnaissons l'appui financier du gouvernement du Canada par l'entremise du Fonds du livre du Canada pour nos activités de publication.

Publié aux États-Unis
Crabtree Publishing
347 Fifth Avenue
Suite 1402-145
New York, NY, 10016

Publié au Canada
Crabtree Publishing
616 Welland Ave.
St. Catharines, Ontario
L2M 5V6

Imprimé au Canada/062021/CPC

Catalogage avant publication de Bibliothèque et Archives Canada

Titre: La peur / Amy Culliford ; texte français d'Annie Evearts.
Autres titres: Scared. Français.
Noms: Culliford, Amy, 1992- auteur.
Description: Mention de collection: Mes émotions | Les racines de Crabtree | Traduction de : Scared. | Comprend un index.
Identifiants: Canadiana (livre imprimé) 20210273518 | Canadiana (livre numérique) 20210273526 | ISBN 9781039605329 (couverture souple) | ISBN 9781039605381 (HTML) | ISBN 9781039605442 (EPUB) | ISBN 9781039605503 (livre numérique avec narration)
Vedettes-matière: RVM: Peur—Ouvrages pour la jeunesse. | RVMGF: Documents pour la jeunesse.
Classification: LCC BF723.F4 C8514 2022 | CDD j152.4/6—dc23